AF534820

अर्ध शतक अनुभव

सुमित

First Published in March 2022

ISBN: 978-93-5611-192-9

BLUEROSE PUBLISHERS

www.BlueRoseONE.com

info@bluerosepublishers.com

+91 8882 898 898

Cover Design:

Aveek

Typographic Design:

Rohit

Distributed by: BlueRose, Amazon, Flipkart

मेरे माता पिता के लिए

अनुक्रमणिका

अर्ध शतक अनुभव

मेरा ये मानना है के जीवन अनुभवों की एक शृंखला है। ये अनुभव एक दूसरे से जुड़े हुए हैं और हम निरंतर इनका एहसास करते हुए इनमे अर्थ खोजते रहते है। ये हमारे दृष्टिकोण का कारण भी हैं और उनका परिणाम भी। एक उम्र में हम कई प्रकार के छोटे बड़े अनुभवों से गुज़रते हैं, और वह सब मिलकर हमारे व्यक्तित्व का आधार बनते हैं, उसको प्रतिदिन एक नया स्वरुप देते रहते हैं। और सही मायनो में, यदि इन्हे आत्म विश्लेषण के साथ सम्मिश्रित किया जाए तो हमारी परिपक्वता इन्ही से निखरती जाती है।

ये काव्यावली कुछ ऐसे ही प्रासंगिक अनुभवों से उत्पन्न संवेदनाओ का एक लेखा है। पांच भागों में विभाजित ये पुस्तक, मानव जीवन को पांच प्रकार की अनुभूतियों के परिप्रेक्ष्य से समझने का एक प्रयास है। चाहे

वह जीवन दर्शन हो, जो हमारे स्वयम के खोज से जुड़ा है, या सृष्टि वंदन हो, जो हमे इस विस्तृत संसार एवं प्रकृति की भव्यता का बोध कराता है। चाहे वह प्रेम हो, जो किसी के प्रति मन में उठती सहर्ष भावनाओ से हमारी पहचान कराता है, या वियुक्ति का आभास, जो हमारी सबसे करुण अवस्था का विवरण है। और अन्तत राष्ट्रवाद है, जो समाज एवं देश के लिए हमारी भावनाओं को उजागर करता है।

ये पुस्तक समर्पित है मेरे कई प्रियजनों एवं मित्रों को जो मेरे अनेक अविस्मरणियें अनुभवों का कारण बने। मुझे आशा है के पाठकगण इन कविताओं को अपने जीवन के अनुभवों से जोड़ पाएंगे और एक बार फिर उनका आभास कर पाएंगे। इस पुस्तक के ज़रिये मुझसे जुड़ने के लिए आप सब का धन्यवाद ।

\- सुमित

जीवन दर्शन

1. आस्तित्वहीन

माना शब्दों के अवलंब बिना,
है कठिन जग में जीना,
हृदय भाव अभिव्यक्ति को,
शब्द अधरों पर आते हैं,
पर कुछ क्षण होते हैं बंधु,
हम कहने में सकुचाते हैं, शब्द आस्तित्वहीन हो जाते हैं...

करो स्मरण उस क्षण को तुम जब,
पड़े हुए निज शय्या: पर,
शरीर रहा यूं व्याधि से तप,
छाया था तम आंखों पर,
क्या माता तब कुछ बोली थी,
चिंता की रेखाएं बस दृढ़ मस्तक पर,
निज हाथ धरा यूं तुम्हारे शीश ऊपर,
तब शब्द कहा कुछ कह पाए,
शब्द कहीं खो जाते है, अस्तित्वहीन हो जाते हैं...

करो कल्पना उस पल की तुम अब,
हो रहा मिलाप बिछड़ों का जब,
घटनाओं का था क्रम कुछ ऐसा,
पुनः मिलन था असंभव जैसा,
वियोगी हृदय की वेदना,
क्या शब्दों में कभी व्यक्त हुई है,
यथार्थ मिलन में हे बंधु,
भाषा कब प्रयुक्त हुई है,
अश्रु की वह प्रसन्न धार,
कह गई सब भाव निस्वर,
शब्द नहीं कुछ कह पाते हैं, आस्तित्वहीन हो जाते हैं।

2. कलम

मैं कवि नही हुआ अभी,
लफ्जों के बस ताने बुनता हूं,
बयान कर देता हूं अपने दिल की,
मैं एहसासों के मोती चुनता हूं,

मैं कवि नही हुआ अभी,
सवाल लिए जवाब खोजता हूं,
कोई जहद मानो हो बाकी,
मैं शोर लिए संगीत खोजता हूं,

मैं कवि नही हुआ अभी,
बस कुछ जीवन दर्शन परखा है,
हैं कुछ ख्वाहिशें दबा रखी,
कुछ के अब मिलने का चर्चा है,

मैं कवि नही हुआ अभी,
लिखने में अभी इक उम्र गुजरेगी,
बहुत रंग घुलेंगे कलम में इसकी,
शायद कभी तब कविता निखरेगी ।

3. तीसरा पहर

रात्रि के इस तीसरे पहर में,
जब निद्रा के पखेरू यूं उड़ चलें हो,
जैसे बैरागी बसेरों को कह अलविदा,
एक नई ठोर की ओर चल पड़े हों,

मैं एक बार फिर सोते सोते जाग गया हूं,
या शायद कभी सोया भी हूं, नहीं जानता,
कुछ पीड़ा की क्रीड़ा बढ़ने सी लगी है यूं,
करवटों ने खदेड़ दिया दूर उन झपकियों को,

हाल कुछ व्यथित है, जीवन प्रसंग मानो भिखर रहा,
मैं खुद को ढूंढने जब चला, कहीं भी नहीं मिला,
आज समेट कर अपनी उबासियों को सभी,
एक और यतन कर लेता हूं फिर अभी,

कुछ तंद्रा अभी छा रही है, अनमना सा हो रहा हूं,
झपकियों की आगोश को और कस के पकड़ लूं,
शायद आज रात के इस तीसरे पहर में कहीं,
कोई स्वप्न फिर गहरा जाए, और शायद...
मुझे नींद आ जाए ।

4. ख्वाहिशों का खानसामा

कुछ इरादों के मर्तबान जमा कर रख दिए बगल में,
और साथ में मसाले, जो लाए थे ख्वाबों की हट्टी से,
इलायची, लोंग, नमक, हल्दी, दालचीनी और जीरा,
और भी था कुछ स्वादानुसार तजुर्बा ओटे पर धरा,
थोड़ी सी तीखी मिर्च, थोड़ा सूखा धनिया, थोड़ी राई भी,
मेहगें थे थोड़े, पर लगा ज़रूरी थे, तो ज्यादा सोचा नहीं,
महक और स्वाद कहीं अधूरा ना रह जाए ज़रा भी,
हां, वो अदरक लहसुन जैसी टीस भी तो ज़रूरी थी,
बारीक प्याज के टुकड़ों सरीखी ज़िन्दगी को भून कर,
थोड़े रिश्तों की पुयुरे मिलाते हुए चलाया देर तक,
अब ख्वाहिशों के बड़े बड़े हिस्से डालकर पकाया,
थोड़ा गल जाए, इसलिए एक सब्र का ढक्कन भी लगाया,
बड़ी देर रोका खुद को, इंतज़ार ज़रूरी है सोच कर,
आखिर आंच से उतारा और जांचा ढक्कन हटा कर,
कहीं से थोड़ी कच्ची, कहीं थोड़ी सी जली तो थी,
मगर ख्वाहिशों की ये सब्ज़ी इतनी बुरी भी नहीं थी।

5. उतिष्ठ

स्वयं को यूं तोड़ कर, सार सब निचोड़ कर,
आज खुद से जंग कर, छिन्न भिन्न अंग कर,
हृदय में इक तूफ़ान भर, मैं बढ़ चला उफान भर,
है लाल आज रंग मेरा, न साथी कोई संग मेरा,
लक्ष्य को यूं साध्य कर, स्वयं को अबाध्य कर,
अकेला ही मैं बढ़ रहा, यूं श्रृंखलाएं चढ़ रहा,
है पीड़ा प्रेमिका बनी, ये काया रक्त से सनी,
जो प्राप्त है वह कम नहीं, पर चाह अभी ना थम रही,
हैं लालसा दबी कई, जो होंगी पूर्ण अवश्य ही,
इसी सोच में लिप्त मैं, यथार्थ से अतृप्त मैं,
उतिष्ठ मैं, सशक्त हूं, नियति पुकार अब,
खड़ा तेरे समक्ष हूं, खड़ा तेरे समक्ष हूं।

6. जहाज़ी

वो जहाज़ी है,
वो अपने मन के सागर में गोते खाता,
उम्मीदों के जहाज़ पे सवार है बेपरवाह,
आशा निराशा की लहरों के थपेड़ों को झेलता,
उसका जहाज़ बेमन्जिल ही बढ़ रहा है,
वो खोल देता है अपनी ख्वाहिशों की पाल को,
और इरादों की हवाओं के झोंके धकेल देते है उसे,
एक ख्याली मंज़र की ओर,
जो सिर्फ एक तसव्वुर उसके जहन में,
वो लड़ता है अपने ही बनाए समुद्री हैवानों से,
और ढूंढता है नए पैंतरे जीत पाने के,
मंजूर नहीं है उसे आसान जीत भी,
तो जंग खत्म भी नही होती जल्दी,

इसका इल्म है उसे के ये सफर ख्याली है,
पर इस बात का कोई गम भी नही है,
तो रोज उतार देता है अपना जहाज़ इस समंदर में,
शायद कोई और सफर करने की अब उसमे हिम्मत है भी नहीं,
वो जहाज़ी है ।

7. ज्वालामुखी

गर्त में उतर सको, जो राख खुद को कर सको,
अंतर्मन की रात के, अंधेरों में बसर सको,
जो खुद को गला कभी, नया रूप धर सको,
टूटते वजूद के टुकड़ों से संवर सको,

गर डर नहीं तुम्हे कभी, तार तार कटने का,
ज्वाल है अभी दबा, तड़प रहा जो फटने का,
है उफान ले रहा उत्तेज, खुद से ही लड़ने का,
जीने की चाह में जो स्वप्न छुपा है मरने का,

फिर उठा सको अगर, ये शरीर सनीत रक्त जो,
जो एक कदम बढ़ा सको, विहीन भले शक्ति हो,
जो आखिरी श्वास हो, तो वो शौर्य से लिप्त हो,
रूह राख हो तो उसमे भी, चीत्कार अतृप्त हो,

खुद में खुद जो हो बचा, ये तुम्हारी हो दशा,
जो चाह हो और की, और चाहने का हो नशा
चलो फिर संग मेरे, ढूंढने नया इक जहां,
जो पूर्ण तुम को कर सके, जो जीने की बने वजह ।

8. अमल

वो रास्तों में ढूंढता है अपने ही अक्स को,
खुद से मिला सके, एक ऐसे शक्स को,
बोलते अश्क, कब तलक सुनेगा हर हर्फ को,
बयान करेगा किस कदर, जहन के हर दर्द को,

उसने मिट्टी से जुड़ी, है उम्र एक गुजार दी,
कटी अपनो से फ़िराक़ की जिंदगी बयार सी,
रह सरहदों को साथ साथ, कई सरहदें बना गया,
जिस मुकाम से चला था, फिर वहीं पे आ गया,

अपने आफताब को सलाम रोज तो किया,
पर ख्वाहिशों के जगनुओं को ढलने भी नही दिया,
जब शब की सियाही ने रूह का तकाजा किया,
दिल संग कर दिया, मुंतजिर एक अमल के जिया ।

9. जाने क्यूं?

वो बरकतें दो चार लिए, हादसों में पल रहा है,
कब का गुज़र गया होता, लेकिन अब रोज़ मर रहा है,

दर्द कई पाल रखे थे, यही खजाने थे उसके बाक़ी,
शब-ए-वस्ल की तलाश थी, और हिज्र में दिन ढल रहा है,

कई उम्मीदें दफ्न थी उसके कब्र-ए-ज़हन में अर्सो से,
कुछ रोज़ उन नमुरादों पे रोया, फिर आगे चल रहा हैं,

एक फांक गले में, और एक अपने वजूद में अटकाए हुए,
सांस को रोके, जाने कब से आब-ए-हयात ढूंढता है,

सोच कर की अगले मोड़ पे ज़िन्दगी से मुलाक़ात होगी,
वो रिस्ते पांव लिए सालों से अंगारों पे जल रहा है,

ये गुमान नहीं उसको की बरसों की बसर है इस जहां में,
ज़रा से वक्त को यूं समेटे, ज़िन्दगी की कहानी बदल रहा है ।

10. उलझनों में

आज कुछ है उलझनों में,
हालात सारे उलझनों में,
वक़्त सहमा उलझनों में,
इंसान सारे उलझनों में,

मेघ बरखा उलझनों में,
चांद तारे उलझनों में,
नदी किनारे उलझनों में,
हैं नज़ारे उलझनों में,

यादें मेरी उलझनों में,
साथ मेरे उलझनों में,
ख्वाब मेरे उलझनों में,
रात सारी उलझनों में,

कहीं दुलार उलझनों में,
कभी तकरार उलझनों में,
कहीं जुनून है उलझनों में,
कभी सुकून भी उलझनों में,

हम चलें हैं उलझनों में,
तुम चले हो उलझनों में,
सब चले हैं उलझनों में,
संग सारे उलझनों में ।

11. मशाल

अपवादों से, अंदाजों से, टूटे टुकड़ा वादों से,
कुछ मर्ज़ी से, खुदगर्ज़ी से, बचन कई फर्जी से,
वो रुकता, चलता, बस काट रहा,
कुछ कहना था, पर चुपचाप रहा,
कुछ जतन करे, कुछ प्रयत्न करे,
पर वो जीते क्या जो हर रोज मरे,

फिर इक दिन खुद को नोच लिया,
अपना अंतर्मन कचोट लिया,
सोचा, मैं ही क्यों मौन रहूं,
क्यूं सब यूं ही शांत सहूं,
क्या मुझमें है प्राण नही,
क्या मैं भी इंसान नही,

मन के अंदर इक कौंध उठा,
अपने स्वयम का एहसास जगा,
इक अंगार उठा जो ज्वाल बना,
और धधक भड़क विकराल बना,
वो रिसता पिस्ता मानव था,
अब ज्वलंत विशाल मशाल बना ।

12. डर

हम आज में नहीं, कल में जी रहे हैं,
बीते कल की रेत को मुट्ठी में समेटे,
कितने प्रसंग, कितनी स्मृतियां, कितने किस्से,
हृदय से लगाए, छोड़ने का मात्र दिखावा करते,
अस्वाद, द्वेष, रोष, को रोक बैठे कभी,
तो कभी उन सहर्ष पलों को मन में संजोते,
हम आज मे नही, कल में जी रहे हैं,

हम आज मे नही, कल में जी रहे हैं,
आशाओं के भ्रम अंतरिक्ष में भ्रमण करते,
तन मन धन सब सपनों पर व्यय करते,
जो मनवांछित है बस उस पर ही मरते,
कल्पित को यथार्थ में परिवर्तित करते,
स्वयं को जलाते, अपनों को तड़पित करते,
हम आज में नही, कल में जी रहे हैं,

क्यूं हम आज में नही, कल में जीते हैं,
ये कैसा डर, ये कैसी तृष्णा है,
जो गुजर गया वो फिर कब मिला है,
जो मिला नही, क्यूं अब भी उसकी लालसा है,
क्या पाना है, और क्या लापता है,
जो है, क्या वो कुछ कम अपना है,
क्यूं हम आज में नहीं, कल में जीते हैं ।

13. दीवारों में कायनात

बन्द दीवारों में अब सिमटी हुई है कायनात,
मानो सदियों से यही एक सच था,
जो जानते तो थे, पर मानते नहीं थे,
खुद को जलाना, राख करना और फिर समझना,
के जी रहे हैं, बढ़ रहे हैं इक मुकाम की तरफ,
जिसकी ना कोई तस्वीर थी, ना ही कोई तलब,
बस एक ज़रूरत थी, खुद के ज़िंदा होने का एहसास ज़िंदा रखने की,
वो अनजाने ख्वाहिशों के पिंजर यूं सजा रखे थे ज़ेहन में,
और नाम दे रखा था उन्हें ज़िन्दगी के ख्वाबों का,
जिन्हे हासिल करने की जद्धोजहद,
जिंदगी से ज्यादा ज़रूरी हो गई थी,
और अब, वो सब अपना वजूद खोता हुए सा लगता है,
मगर फिर भी हैरानी यह नहीं कि वो थोड़ा दूर है अब,
बात अब यह है, के शायद ज़रूरी भी नहीं वह सब,
कितनी मुश्किल लगती है आज ये आसान वाली ज़िन्दगी ।

14. धुंध

लहरों को समंदर से छीनते किनारों पर,
हल्के तर्ज के तेज़ संगीत पे थिरकते पांव,
मद्धम रोशनी पे रुकी हुई धुंध की चादर,
जो बनी है सिगरेट के धूएं से,
सांसों में घुला हुआ धुआं,
वो धुआं जो जले बुझे से अरमान लिए,
होंटों के घेरे से गुजरता हुआ,
ले जाता है बीते गमों की खलिश,
और छोड़ जाता है पीछे,
सब ठीक होने का एक खोखला एहसास,
जो और गहरा जाता ज्यादा,
घूंट दर घूंट चढ़ती शराब के सुरूर से,
और मैं भी अपने पांवों को,
इस हल्की तर्ज के साथ थिरकाते हुए,
उस धुंध की चादर में फूंक देता हूं,
अपने बीते गमों की खलिश ।

15. परवाज़

इक कहानी जी ली यहां पे,
कुछ किस्से पहलू में जमा किए थे,
तूफानों को आंख दिखाने की मानो,
खुद से शर्त लगा ली थी,

कुछ शौक चुनिंदा लेकर हमने,
इक अलग पहचान बना ली थी,
कभी दर्द सहे, कुछ तड़पे भी थे,
कभी फलक तक परवाज़ निराली थी,

कुछ जीते जी मरे कभी थे,
कुछ मर मर के जी लेते थे,
अपनी हस्ती पे इतराते भी थे,
कुछ कड़वे घूंट पी लेते भी थे,

सब छूट रहा है धीरे धीरे
इक उम्र यहां पर खत्म हुई है
कुछ कारगुज़ारी कर गुज़रे थे
आज यहां पर दफन हुई है ।

16. पुनः एक बार

ये कहर है क्यूं ढ़ा रहा,
ये क्यूं मुझे सता रहा,
अतीत के स्मरण का ये प्रवाह,
है क्यूं मुझे डूबा रहा,

क्यूं वेदना प्रबल हुई,
क्यूं पीड़ा पुनः प्रज्वल हुई,
क्यूं अंतर्मन में एक बार,
फिर अनवांछित हलचल हुई,

मैं यूं ग्रसित क्यूं हो रहा,
क्यूं त्राहि कर मैं रो रहा,
क्यूं जो सफल ना हो सका,
उस अभाग्य में क्यूं खो रहा,

मैं इक पथिक भ्रमित सा,
चला किधर, क्यूं लापता,
क्या ढूंढता हूँ इस हाल में,
जो खो चुका हूं काल में,

हृदय में एक दंश सा,
अतीत का वो अंश था,
जो दबा हुए यूं चुभ रहा,
मैं त्रस्त था, मैं क्षुब्ध रहा,

ये खुद से खुद की जंग है,
पीड़ा में भी मन मलंग है,
जीवन का सार है मेरे,
मेरी नियति का अंग है ।

17. वो लौट रहा था

काफ़ी थक चुका है, रास्ते कई तय किए हैं उसने,
पावों के रीसते छाले लेकिन अब भरने लगे हैं,
शरीर पर जो घावों के निशान थे, वो अब दिखाई नहीं देते,
हां, एक जन्म और लगेगा रूह के घावों को भरने में,

कुछ एहसास अब मद्धम होने लगे हैं,
और कुछ भूली यादें और होने लगी हैं गहरी,
क्या कुछ हासिल था उसे इस सफर में,
और क्या खोया, उसका ब्यौरा भी नहीं था ज़रूरी,

आस्वाद, घृणा, क्लेश, स्वार्थ अब उतने ही बेमानी थे,
जितने कि प्रेम, हर्ष, उत्साह, मर्म और उल्लास,
एक अलग शांत्ता का मद लिए वह लगा बढ़ने,
उस आंगन के पार, उस पीपल के पास से,

शायद किसी ने पुकारा था उसको एक बार,
इस उम्मीद से की रोक लेगी उसे जाने से,
पर अब शायद जरूरी नहीं, मुमकिन भी नहीं था,
धुएं और राख से कभी वापिस, जिस्म फिर बना भी नहीं था ।

18. गुफ्तगू

आज यूं इक बार फिर,
सोचा खुद को टटोल लूं,
खुद की गहराइयों में झाकूं,
अपनी गिरहें खोल लूं,

खुद से दो चार सवाल करूं,
खुद ही जवाब भी खोजूं मैं,
कुछ मसले सुलझा दूं दिल के,
कुछ नए मसलों में उलझूं मैं,

कुछ ख्वाहिशें और रवान करूं,
कुछ को अलविदा भी कह दूं मैं,
कुछ यादों से अब तौबा कर लूं,
कुछ नए अहसासों को जगह दूं मैं,

क्या खोया, क्या पाया, क्या छोड़ दिया,
कौन मिला, क्या छूटा, किस से नाता तोड़ दिया,
क्या किया, आखिर क्यूं, और जाने कब,
आगे बढ़ जाऊं, भुला इन ख्यालों को सब,

कुछ नए ईरादे, नए ख्वाब अब लाएगी,
नई कश्मकश, नए आगाज़ दिखलाएगी,
कुछ नया रंग, नया दर्द, नई जुस्तजू होगी,
जिंदगी, तुझ से फिर कभी यूं ही गुफ्तगू होगी ।

19. विजय सिंधु

सौ बार गिरा है, टूटा है,
टुकड़ों में भी बिखरा है,
कई बार है रौदां हालातों ने,
तड़पा है कितनी रातों में,

कितने दिन है संघर्ष किया,
कितने आरामों को व्यर्थ किया,
कितने अरमान भी टाले हैं,
कितने अपने खो डाले हैं,

वह एक लक्ष्य पे टिका रहा,
वह एक सोच पे रुका हुआ,
जो ठान लिया वो करना था,
हाँ करना था, या मरना था,

और हार नहीं उसने मानी,
कोई बात नहीं उसने जानी,
बस लगा रहा, वह जुटा रहा,
ध्येय साध स्वयं को लुटा दिया,

फिर विजय सिंधु उस पर लेहरे,
और फ़तेह परचम उसके फेहरे,
थी संघर्ष-पीड़ फिर अतीत हुई,
वह डटा रहा और जीत हुई।

20. अनुसंधान

कुछ खोज करो, अनुसंधान करो,
खुद को सोचो, कुछ ज्ञान करो,
अपने अंतर्मन में स्वयं को ढूंढो,
खुद ही अपनी पहचान करो,

कभी हर्ष मिले, हंस के पी लो,
कभी पीड़ा का भी रसपान करो,
कुछ प्रेम गीत गाओ मन से,
कभी वियोग.पथ पर प्रस्थान करो,

होंगे साथ जब तुम्हारे साथी संगी,
तो कई सफलताएं हासिल कर लेना,
कभी राह कोई एकल तय करनी हो,
तो कृत-निश्चय उस पर भी चल देना,

जीवन परिभाषित कथा नहीं,
ये तो बहता पानी है,
कोई अंत नहीं है, विराम नहीं है,
हो कर्मठ! नियति स्वयं बनानी है।

21. वो अंत होती सी नदी

वो अंत होती सी नदी, अब वेग उसमे है नहीं,
ध्वस्त है अब बोझ से, उस रेत के जो ले चली,
अब आखिरी इक ज़ोर बाकी, जान कुछ बाकी नहीं,
कब अंत होगी वेदना यह, यह सोचती वह बढ़ रही,

याद है उसको वह पल जब, इक तेज से थी वह उठी,
चीर धरा के वक्ष को तब, थी नाचती वह बढ़ चली,
इक नया उन्माद था, इक ऊर्जा भी थी नई,
अनभिज्ञ थी यथार्थ से, देखा अभी कुछ भी नहीं,

सब नया, सब स्वच्छ, सब कुछ बहुत ही शुद्ध था,
अनुपम कृति इक चंचला वह, स्वरूप उसका रुद्र था,
आवेग में आवेश भर, थी भय नहीं कुछ जानती,
हर किनारा तोड़ती वह, ना कोई सीमा मानती।

फिर प्रथम इक बांध आया, प्रवाह उसका रोकता,
इक असमंजस का भाव गहरा, क्यूं उसे कोई टोकता?
मौन सा छाया यकायक, शिथिल सी अवस्था हुई,
सोचती क्या कर दिया जो मुझ संग ये व्यथा हुई।

फिर संभल कर चली, गिरी वह,
गिर के उठ फिर चल पड़ी,
अब मगर कुछ वेग कम था,
कुछ ऊर्जा भी थी घटी,

संग किनारों पर थे उसके, शहर कुछ मरते हुए,
निर्भाव अपने व्यर्थ सारे, नाम उसके करते हुए,
टूटते जन रात दिन अब, मात उसे पुकारते,
और आकर अपने पाप सारे, उसके तटों पर तारते,

बोझ माटी का भरे और पीड़ा मानव की सहे,
वह यूहीं बढ़ती रही, बोझिल, बिना अब कुछ कहे,
चाल में अब जान ना थी, घाव था हर रीस्ता,
उम्र भी अब चढ़ रही थी, निकट अंत अब दीसता,

कुछ शोर था उसमे कभी, अब वह नहीं कुछ बोलती
लुप्त होती स्वयं अभी वह, हर बोझ सागर में घोलती,
इक खत्म होती सी नदी, अब है नहीं कुछ मांगती,
है समाया खुद में बहुत, अब वह समाना चाहती ।

प्रेम

22. प्रेमपाश

क्या है प्रेम?
वो सोचती है यूं मुझे सारी रात जाग कर,
जो कह नही सकी मुझे, बात बीनती है हर,
वो मुस्कुरा रही अभी, कुछ लाल भी है हो रही,
है नही ज़रा गुमान, अब बात हम में वो नही,

क्या है प्रेम?
क्यूं मेरे हर दर्द को, महसूस है वो कर रहा,
उसका हर ख्याल है मेरी खुशी से ही जुड़ा,
मानता नहीं की अब हो गया हूं मैं बड़ा,
दरकार है नही मुझे अब उसका कोई आसरा,

क्या है प्रेम?
वो मेरे हाथ थाम के, है नन्हे कदम संभालता,
यूं देखता है मुझे, है मुझ से वजूद उसका बना,
है खिलखिलाता मेरी गोद में वो, समेट के ये जहान,
हैं काम और भी मुझे, है क्यूं नही वो मानता,

क्या यही...?

वो साथ हैं यहीं मेरे, वो मेरे संग संग हैं,
यूं उनसे हूं मैं जुड़ा, वो मेरा एक अंग हैं,
उनमें है मेरी हयात, मेरी ज़िंदगी में रंग हैं,
मैं प्रेमपाश में हूं बंधा, ये मेरे प्रेम प्रसंग है ।

23. फिर मिली वो

वो अचानक पायल की आवाज़ से सहम सा गया,
खामोशियों की आदत से मजबूर, कुछ थम सा गया,
कुछ सर्सराते गुज़रे एहसासों के नागफनी की खुशबू,
उन्हे तो कब का भुला चुका था वो, तो फिर आज?

शायद अपनी ही चारदीवारी में खुद को कैद कर,
अपने सन्नाटौं में जीने को आदत हो गई थी उसे,
वो चाहत नहीं थी ज़रूरत भी नहीं थी उसकी अभी,
पर वो थी वहीं थी, साथ थी आस पास ही कहीं थी,

क्यूं आई हो और कहां से, किसके लिए, क्या चाहिए,
ऐसे बहुत हजार सवाल गुज़रे उसके ज़हन में कई बार,
क्या पूछूं, क्या नहीं, कोई खबर अब उसे थी भी नहीं,
वो अनजान सी थी, पर उससे पहचान सालों की थी कहीं,

मुस्कुराई, बोली, "बहुत करीब से तुम जानते हो मुझे",
और ऐसे ही मधोशियों में खो मैंने भी चाहा है तुम्हे,"
मुझसे खूबसूरत तुम्हे शायद ही मिला होगा कोई,
मैं ज़िन्दगी हूं, तुमसे आशिक़ी पुरानी है मेरी "।

24. मिथ्या

इक आलिंगन की चाह मात्र,
यह तुच्छ अपेक्षा रखता हूं,
वह स्नेह पुनः प्रज्वलित हो,
बस श्वास उसी की भरता हूं,

तुम आओगी जब कुछ परिवर्तित सी,
क्या चाह तुम्हारी यही होगी,
क्या दिवस तुम्हारे स्थिर होंगे,
क्या रात मेरी निर्भय होगी,

अध्याय प्रेम का सम्पन्न हुआ है,
इतना तो ज्ञात है मुझको भी,
क्या संवेदन भी नष्ट हो रहा,
या भाव कोई बाकी है अभी,

तुम व्यक्त कर सको तो कह देना,
सुनने को मैं प्रस्तुत हूं,
जो बोल सको न मन की तुम तो,
असत प्रार्थी भी बेकल हूं,

तुम एक बार जो हां कह दो,
यह असत रस भी पी लूंगा,
संभवतः अब तुम मिथ्या ही सही,
इस मिथ्या संग ही जी लूंगा।

25. ख्वाहिशों का आबशार

वो खास है यूं मुझे, यूं सोचता हूं उसे,
ज्यूं रात को है हो रहा, दिन के इंतज़ार सा,

वो गर्मियों की तपिश, सर्द रातों की चुभन,
पतझड़ोन की हवा वही, वो है मेरी बहार सा,

वो मेरे दिल की ख़लिश, तामीर ख्वाबों की मेरे,
मेरी आरज़ू का अक्स वो, वो मेरे पहले प्यार सा,

वो दर्द सा मुझ में बसा, तन्हाइयों में संग है,
वो मर्ज भी है मेरा, है वही मेरा करार सा,

वो पहली सी फुहार है, वो नींद का खुमार है,
है मेरा हर जुनून वो, मेरी ख्वाहिशों के आबशार सा ।

26. उस वक्त

हर गुजरा पल, हर लम्हा बीता हुआ,
हर लफ्ज़ कहा, हर तजुर्बा सीखा हुआ,
हर उम्मीद जगी, हर आह आई गई,
फिर याद आयेंगे, उस वक्त...

वो जो थे दिनरात तुम्हारे, वो लम्हे जो साथ गुजारे,
हर गीत, हर जश्न, हर साज पुकारे,
फिर देंगे आवाज इक बार, हर दर्द की वो आहट,
दिल में उठती हर टीस, हर तड़प की वो हरकत,
फिर देंगे इक दस्तक, उस वक्त...

फिर आओगी तुम आंखों में हल्की सी मुस्कान लिए,
बंद होती पलकों में मुझको, बस चंद अरमान दिए,
पढ़ लूंगा हर अरमान तुम्हारा, साथ तुम्हारा, हाथ तुम्हारा,
बुझती आंखों के जुगनू जी लेंगे हर पल मेरा,
यूं तेरा दामन थामे...उस वक्त ।

27. ढलती शाम

कई मकाम तय कियें उसके इश्क में,
कई रातों को उसकी याद में जगा हूं,
कई बार उसको आखों में उतारा है,
कई बार उसकी राहों में बिछा हूं,

अनगिनत फलसफे, किस्से उसके नाम है,
उसमे ही समाई है कायनात मेरी,
उस पर है बहुत हसरतें टिकी हुई,
उस पर खत्म होती है हर बात मेरी,

वो रोज़ बुलाती मुझे अपने ख्यालों में,
यादें सुलझाती है मेरी अपने उलझे बालों में,
वो जानती है मैं भी हूँ उसी हाल में हर पल,
वो एक जवाब सी जुड़ी है मेरे सवालों में,

ढलती शाम की मुलायम रोशनी की तरह.
वो घुलती रही मेरे वजूद में आहिस्ता आहिस्ता,
और मैं भी पिघलता रहा लम्हा लम्हा,
उसकी आगोश में कैद समंदर की तरह ।

28. नूर

मैं सोचता हूं तुझे अक्सर, बहुत, क्या कुछ कहूं,
एक एहसास है तू, उसे लफ़्ज़ों में समेट लूं,

एक जुनून है तू, एक ख्वाहिशों की बंद किताब सी,
मेरी आंखों का नूर, मेरी ज़िन्दगी का आफताब सी,

मैं अक्स हूं तेरा, साथ तेरे हूं हर लम्हा,
संग नहीं तो क्या, यहीं पास ही तो हूं सदा,

कई रातें जलें हैं तेरी मशक्कतों के दीए,
गुजरें हैं कई पल भी नाउम्मीदगी से भरे,

पर हौसलों की परवाज़ थमी नहीं तेरी,
काबिल-ए-तारीफ है फितरत कभी ना हारने की,

अरमानों के ये परिंदे छुपने नहीं चाहिए
कामयाबी के ये कारवां रुकने नहीं चाहिए,

बहुत सफर अभी तय करने है तुझे,
बहुत रास्ते हैं अभी तेरा रास्ता देख रहे,

ये तो आगाज़ है मेरे हमसफ़र,
अभी तुझे लिखने को दास्तां और भी हैं,

अभी तेरी बुलंदियों को तरसते जहान और भी हैं,
वो कहते हैं ना, फलक के आगे मंजिलों के निशान और भी हैं।

29. मैं जानता हूं

मैं जानता हूं कुछ कहना चाह रही हो,
हैं दर्द बहुत सुनाने को, पर कह नहीं पा रहीं हो,
कुछ ख्वाहिशें भी़ रखी है दर किनार,
कुछ गिले भी दफ्न हैं दिल में हजार,
पर बयान नहीं कुछ भी, नहीं कोई इजहार,
मैं जानता हूं।

तुम्हारी हर खामोशी में एक चीख है,
हर टूटती आस में एक उम्मीद है,
सब छूटे मरासिम घाव से रिस्ते है अब भी,
वो जो अधूरे ख्वाब थे कभी, अधूरे हैं अब भी,
मगर जुनून-ओ-जज़्बात पूरज़ोर हैं अब भी,
मैं जानता हूं।

ना मायूसी का सफर है, ना दर्द की कहानी,
ना नश्तरों की चुभन की मोहताज है जिंदगानी,
नए रास्ते ढूंढ लोगी, नई मंजिलें बनाओगी,
नई उम्मीद से जगोगी, नए ख्वाब भी सजाओगी,
जो सैलाब दबा रखा है, उसे रोक नहीं पाओगी,
मैं जानता हूं।

30. फिर तुम आई

शब्दहीन, अर्थहीन, व्यर्थ सा जीवन,
थका मन, थका तन, व्याकुल सा अंतर्मन,
मानो बिन फुहार ज्यूं कली मुरझाई,
और फिर इक दिन...तुम आई,

नीरस, आतुर, मुरख सा पागल,
नित नितांत फिर रहा था यूं ही बेकल,
जान नही, आस नहीं, चाह भी नही थी कोई,
और फिर इक दिन...तुम आई,

वेदना का था सागर गहरा,
आंखों पर था तम का पहरा,
बस यूं ही मानो रात दर्द की गहराई,
और फिर इक दिन...तुम आई,

रंगो ने घेरा है अब मन को,
आशा, इच्छा ने हरा हर तम को,
कलियां पुनः खिली, फिर मुस्काईं,
जब से तुम हो आई,

साथ मेरे अब रहना प्रिय तुम,
जीवन सुख संग सहना प्रिय तुम,
ये आभास, के तुम हो सदा पास,
है कितना जीवंत, कितना सुखदाई,
मुझे खुशी है के तुम आई ।

31. राज़दान

तेरे हर असल को मैने देखा है,
उजड़ते, बनते, बिगड़ते, संवरते,
रातों को जाग के, एक उम्मीद के सहारे,
दिन में झुलसाती धूप के किनारे,
भटकते हुए, टकराते हुए, उठते, गिरते,
मैने देखा है,

तू सोचता है तू ही झेलता है ये सारे दर्द,
या तुझे ही नसीब होते है वो सारे अरमान,
कोई ख्वाब जो कभी हुआ तेरे नसीब,
या कोई तारा जो तेरे फलक से रहा अंजान,
उन ख्वाबों को सजाते, सितारों को आते जाते,
मैने देखा है,

मैं जुड़ा हूं तुझसे, जुदा नही हो सकता,
कई मंजिलें तय हुई, कुछ का बाकी है रास्ता,
वो एहसास, ख्यालात, जद्दोजहद और जज़्बात,
वो इश्क, मुश्क, रंजिशें, सुकून और हालात,
तेरा दोस्त हूं, तेरा हिस्सा हूं, तेरी परछाईं हूं,
ये तूने देखा है ।

32. मैंने सब कुछ तुममें देखा

भीनी सी मुस्कान तुम्हारी, एक अलग पहचान तुम्हारी,
शत दामिनी सी चंचलता, बातों में भोली कोमलता,
सोच नहीं कुछ और सका, मैने सब कुछ तुम में देखा,

याद तुम्हारी, बात तुम्हारी, सपनो की वह रात तुम्हारी,
दिल पर लिखती एक कहानी, लगती है पहचान पुरानी,
अनजाना मानो कोई नाता, मैंने सब कुछ तुममें देखा,

भावों का इक सागर मन में, चुभता सा अंगार इक तन में,
ज्वलंत अनल सा ताप यौवन में, मृग मानो कोई बंधन में,
ग्रसित प्रेमपाश से ऐसा, मैंने सब कुछ तुममें देखा,

मगर भाव इक सुद्दढ नितांत, मन को तेरे करे अशांत,
मौन अधर, व्याकुल तुम भीतर, वह उड़ने का चाव सुनहरा,
रुका हुए आंखों में रखा, मैंने सब कुछ तुममें देखा,

मुझे क्षमा करना कर सको अगर, दोषी तुम्हारा हूं मैं अक्सर,
प्रेम रोग से पीड़ित बेकल, करता रहा तुम्हे भी व्याकुल,
पर है ऐसा किस्मत का लेखा, मैंने सब कुछ तुम में देखा ।

वियुक्ति

33. शम की मिट्टी

व्यक्त करु कैसे किस पल क्या याद तुम्हारी लाता है,
हर स्वप्न पुणं दर्पण बन कर मन को विचलित कर जाता है,
जो भाव कभी गहराता है, वो बातों में छुप जाता है,
प्रत्यक्ष तुम्हें जो ज्ञात हो रहा, वह भ्रम, छदम कहलाता है,

मै प्रतीत नहीं होने देता, हंस कर सबको बहलाता हुं,
पर एकांत कभी जो प्राप्त रहा, मैं यादों में खो जाता हुं,
व्याकुल अंतर लेकर कब तक युं सदैव वेदनाग्रस्त रहुं,
कयुं कह न दुं जो परोक्ष परे है, कयुं मंथन में युं त्रस्त रहुं,

कयुं व्यक्त करुं वो भाव तुम्हें, जिनका है तुमको कोई भाव नहीं,
कयुं करुं समर्पित वो श्वास तुम्हें, जिसकी तुमको है आस नही,
जीवन के इस असमंजस को कयुं व्यर्थ तुम्हें प्रदान करुं,
मैं स्वयं ही बन शिव रुप उठुं, कयुं न इसका विषपान करुं,

मैं बढ़ जाऊं उस पथ पर अब, जिस पर चलना आसान नहीं,
या शम की मिटटी सा निर्जीव गिरुं,
मानो मुझमें हो प्राण नहीं,
मानो मुझमें हो प्राण नहीं।

34. उधेड़बुन

अरे तुम, व्हाट-अ-सरप्राइस, आओ आओ,

अंदर आओ, बैठो, कैसी हो,

पानी, चाय, या वो ही तुम्हारी लेमन टी?

अभी भी रखता हूं मै, पसंद है ना तुम्हे?

हां, अभी तो इसी घर में हूं,

मन नहीं करता छोड़ने का, अच्छा है ये,

सोफे नए है, बेहतर है ना?

खैर...और बताओ...आज कैसे याद आ गई मेरी,

इतने सालों बाद...कितने...तीन साल...है ना?

याद तो आती होगी! ...नही?

ये घर भी तुम्हे याद करता रहता है,

बैठो ... खड़ी क्यों क्यों हो,

मैं ठीक हूं, सब वैसे ही है, पहले जैसा,

मतलब तुम नही हो, बस...बाकी कुछ नही बदला,

तुम भी बिल्कुल नही बदली, बाल भी वैसे ही रखती हो,

ये बालियां ...ये नई हैं, हैं ना,

पहले तो तुम सिर्फ वो सिल्वर वाली पहनती थी,

तुम्हारी एक बाली अभी भी रखी है दराज में,
जब आखरी बार तुम गले लगी थी,
वो मेरे स्वेटर में अटक के रह गई थी,
आखरी बार...हां...बहुत लंबा था वो पल,
तुम्हारे जाने के कितने दिनों, महीनों तक खत्म नहीं हुआ,
शायद अभी भी नही...और शायद होगा भी नही,
आखिर क्यूं???

ऐसे कई खयाल और सवाल उधेड़बुन रही थी वो अपने जेहन में,
जब उसने मेरे घर की बेल पर अपनी उंगली रखी ।

35. एक शाम मांगी थी

हल्की सी हवा की गालों पे दस्तक,
मद्धम चाल से चलते हुए, हाथ थामे,
लहरों के गुनगुनाते शोर में दबे हुए,
हमारे अल्फाज...और ख्यालात भी,
रेत को पैरों की उंगलियों से कुरेद,
लकीरों का रूप देते हुए,
और उन लकीरों में ढूंढते हुए,
अपने प्रेम की नियति को,
कुछ धुआं अपने होटों पे, और कुछ दिल में लिए,
यूं ही जलती हुई सिगरेट की तरह,
जिसका ख्त्म होना उतना ही तय है,
जितना अपनी नज़दीकियों का,
एक शाम मांगी थी तुमसे ।

36. अधूरी

वो सोचती रही सदा मेरे दर्द की वजह,
जो तड़प उठ रही यहां, थी उसने ही की अता,
मैं उसके रंज में रंगा, उसी का एक रंग था,
वो सोचती जुदा जुदा, मैं उसका एक अंग था,

बड़ी ख्वाहिशें लिए, मैं बाद उस से मिला,
वो मर्म फिर ढूंढता, वो मेरी तलाश का सिला,
जो रात दर पे काट के, मैं दीदार करने चला,
इक नज़र मिल सकेगी क्या, इसी कशमकश में रहा,

पर अब गुज़र चुकी थी वो जुस्तजू, कशिश, चाहतें,
अब न सुरूर बाकी था, न मिली फिर वो राहतें,
एक अधूरी प्यास थी, थी इक रुकी सी सांस भी,
जो थमने लगी थी अब, बची खुची सी फांस सी ।

37. अब आंसू नहीं आते

अब आंसू नहीं आते, कुछ भरा रखा है दर्द दबा कर यूं,
एक दरिया सा रोक रखा है, बहने नहीं देता हूं, ना जाने क्यूं,
कुछ एहसास खामोश कर दिए हैं, महसूस भी कम होता है अब,
कुछ कहता नहीं, सुनता नहीं, वक़्त सा गुजर रहा हूं मैं भी शायद,

खुश होता हूं तो हंस लेती है मेरी ख़ामोशी,
अगर दुखता है कभी तो चींख की आवाज़ भी सुनाई नहीं देती,
अब सिसकियां भी नहीं लेता, वो बस घुंट जाती है अंदर ही,
बेआवाज़, खौफज़दा मानो कभी ली ही नहीं,

क्या गुजर गया है, क्या और अभी बाकी है,
अपनी कशमकशौं का दौर अभी बाकी है,
कुछ और टूटना मेरा, तेरा ज़ोर अभी बाकी है,
इन हिम्मतों का होना कमजोर अभी बाकी है,

ना ख़ता तेरी है, गुनहगार पूरा शायद मैं भी नहीं,
कुछ रास्ते साथ थे, मंजिले भी हो साथ ज़रूरी तो नहीं,
ये जड़ोजेहध ज़हर सी, है रगों में अब चढ़ रही,
अब दफ़न कर दे मुझे बस, या अता कर दे रिहाई।

38. नुमाइश

कुछ नामुराद से अफसाने हैं,
कुछ अनकहे चुनिंदा फसाने हैं,
उस दश्त की सैर को फिर आज,
भटकते निकले हम दीवाने हैं,

एक मैं हूं, एक तुम हो,
और एक ये लम्हा है उकताया सा,
देखता हमारी बेज़ारियां, खड़ा है पास,
मायूस सा, कर रहा एहसास,

जैसे जानता है कमबख्त की अब,
बस नुमाइश है उन नज़दीकियों की,
जो कभी किसी वक्त, रूमानियां हुआ करती थीं,
जब मोहब्बत थी दिलों में शायद कभी ।

39. समंदर

समंदर अभी सुखा नही,
बहुत खारा है अभी भी,
बहुत गहराई छुपी है,
बहुत सीपियां समाई हुई,
वो लहरों से टटोलता है साहिलों को,
महसूस करता है उनका अनमना एहसास,
रेत के कणों में मिल रहा है उसे,
फिर अपनी पहली छुअन का आभास,
बड़ी देर कोशिश करता रहा,
किनारों को खुद में मिलाने की,
वो साथ तो हैं उसके मगर,
फिर भी बहुत दूर है अब,
और ये दूरियां लाज़मी है शायद दोनो को ही,
बनाए रखने के लिए अपने वजूद का वहम ।

40. बंधन

एक कहानी, बहुत पुरानी, इक पंछी की, बड़ी सयानी,
और एक वासी वो मन का, पंछी को दिल दे बैठा ऐसा,

बहुत प्रेम से उसको पाला, मन जीवन अर्पण कर डाला,
पंछी बढ़ता, बातें करता, और वासी बस सोचा करता,

यह रहे यूं मेरी प्रेमिका, साथ मेरे रहे जो सदा,
पंछी भी वासी पर इतराता, प्रेम से उसका भी मन भर जाता,

पर पीड़ा उस पिंजरे की थी, बंधी हुई जिंदगी उसकी थी,
पंछी उफ्फ भी कर जाता था, तो वासी का मन भर जाता था,

पर पिंजरा खोलने से डरता था, स्नेह बहुत पंछी से करता था,
पर फिर पीड़ा देख न पाया, इक दिन पिंजरा खोल ही आया,

पंछी ने फिर मुक्त गगन को चूमा, फिर मुड़ वासी को देखा,
वासी कांप रहा था भीतर, क्या पंछी आएगा वापस,

क्या लौटोगे पास मेरे तुम, रहोगे क्या साथ मेरे तुम,
पंछी की आंखें भर आईं, बोला, प्रेम तुम्हे मैं हूँ करता,

पर ये आसमान है जीवन मेरा, साथ हमारा नही बसेरा
यूं कह पंछी उड़ चला, लौट नही फिर वो आया,

पर वासी का मन निष्ठूर, आज भी उसे करता है व्याकुल,
पर यदि तुम हो खुश साथी मेरे, तो साथ तुम्हारे हूं मैं भी ।

41. सुनो

सुनो, तुम्हे याद है जब तुमने इक उम्र मांगी थी मुझसे,
और मैंने भी सब फलसफे तुम्हारे नाम लिख दिए थे,
बातें तुमसे शुरू होतीं थी, ज़िक्र सिर्फ तुम्हारा था जिनमे,
ना उस से पहले कुछ जरूरी था, ना लाज़मी था कुछ बाद में,

सुनो, तुम कहती थी ना हर बार, तुम्हे है इक दिन का इंतजार,
जब मैं फिर पाऊंगा साथ तुम्हारा, फिर एहसास करूंगा इजहार,
फिर घुल जाएंगी अपनी सांसे, आगोश में होगी तुम फिर इक बार,
नया आफताब होगा फलक पर, और ढल जायेगी बिरह की ये रात,

सुनो, फिर क्यों हम आज भी यूं बेगानों सी गुजर करते हैं,
क्यों तुम मशगूल हो, मैं भी परेशान, अंजान सफर करते हैं,
साथ हैं भी और नही भी, सूनी शबों को यूं ही सहर करते हैं,
ना भूल पातें हैं ना भूलना चाहतें हैं, उन यादों में बसर करतें हैं,

सुनो, यूं तो कोई गम नहीं है मुझको, ना कोई दर्द सताता है,
कोई हसरत अधूरी भी नही है, ना कोई ख्वाब जगाता है,
तेरी उम्मीद भी नही मुझको, ना दिल कोई हक जताता है,
इक उन्नस है सीने में मगर, रहता है हमेशा, नही जाता है ।

42. सिलसिला

आगाज़ है तो अंजाम भी तो होगा,
कुछ हमेशा तो नही रहता यहां,
जो बांध ले तेरे ख्यालों को हमेशा,
वो एक ख़्वाब है, ख़्वाब ही रहेगा,
जो साथ दे उम्र भर, ऐसा वस्ल देखा नही,
जो जान ले खुद से ज्यादा, ऐसा कोई मिला नही,
चल फिर मुसाफिर बन जा,
अरमानों की गठरी उठा,
फिर नया ठिकाना ढूंढ ले,
फिर से कहीं अब दिल लगा,
ऐसे ही कटी है, ऐसे ही कटेगी यहां,
ऐसे ही दोहराएगी जिंदगी ये सिलसिला ।

43. ख्याल भर ही तो है

1.

दफ़न इरादों को हवा दिया नहीं करते,
जो गुजर गई उसमे जिया नहीं करते,
शौक आजमने का नही है खुद को गर,
खंडहरों पर बुनियाद नई किया नहीं करते ।

2.

आरज़ू के कारवां परेशान से हैं खड़े,
मंजिलें हैं सामने और हाथ कांपने लगे,
क़यामतों में होगी क्या हमारी तुम से कुर्बतें,
शब-ए-वसल है या फ़िराक़, या खुदा पता चले ।

3.

तेरी आँखों का दरस ढूँढ़ती है उसकी आँखें,
रात में इधर तो दिन में उधर ढूंढती हैं,
तेरे ख्याल में हैं उसके ख्याल हर सू,
वो तुझे ढुंढता है जिससे तू बेसबर ढूंढ़ती है।

4.

जो आज है उस शाम भी वही हाल था,
तेरी आने की उम्मीद थी और दिल में इक सवाल था,
यूं हसरतों में गुजर गई तेरे बग़ैर,
कुछ उसकी रहमत थी, कुछ तेरी यादों का कमाल था ।

5.

क्यूं मेरी मोहब्बतें तुझे जरूरी है,
मेरे सिवा भी तो जिंदगी तेरी पूरी है,
दोस्त ना कह, बेनाम रहने दे मुझे,
जो है, जैसी है, ये दास्तान बेहतर अधूरी है,

6.

बहुत कमज़ोर होते हैं वो रिश्ते जिन्हे जरूरत हो नाम की,
तुझे भी जुस्तजू है मेरी, बात इतनी है बस काम की,
कुछ ख्वाहीशें खुद में ही बहुत खूबसूरत होती हैं,
हर ख्वाहिश को हसरत नहीं अंजाम की।

7.

कुछ वक्त अभी तेरा मेरे लिए ज़ाया तो होगा,
कुछ नहीं कहा फिर भी कुछ बताया तो होगा,
तू मुझे रोज़ सोचे जरूरी तो नहीं,
पर दफ़'अतन नाम ख्यालों में आया तो होगा ।

सृष्टि वंदन

44. भोर

सुध बेसुध रातों में चलते,
पांव मेरे कल तक पहुंचे,
अपनी मींची पलकों के नीचे,
ख़्वाब मेरे फलक तक पहुंचे,

ऊंची बहुत उड़ान अरमानों की,
लेकर बढ़ते उन मैले पंखों पर,
ख्वाहिशों के पंछी ठोर खोजते,
किसी नए मंज़र तक पहुंचे,

कुछ दीस रहा है दूर क्षितिज पर,
है दूर अभी मंज़िल की दस्तक,
पर आशाओं की तेज़ हवाएं,
बहुत पहल मुझ तक पहुंचे,

हैं बहुत किनारे और प्रवाह में,
हैं कई दिशाएं और बुलाती,
नई रोशनी बाहों में भर के,
इक भोर मेरे घर तक पहुंचे ।

45. निशा

उज्वल चांदी की चादर ओढ़े,
तारागण हीरक नग जोड़े,
हो रहा है तमागमान,
देखो निशा कर रही पदार्पण,

दिन के तप से दूर हटकर,
शीतल पवन को साथ सिमट कर,
निद्रा संग ले आई निशा है,
शांत मौन अब हर दिशा है,

उठ मानव, वैभव देख इसका,
तारों से श्रृंगार हुआ है जिसका,
क्यूं अपशकुन मानता तम को,
ये सौंदर्य व्यर्थ कर रहा क्यूं,

कल फिर सूरज निकलेगा
दिन चढ़ेगा, निशा फिर आएगी,
पर तू सोता रह जायेगा,
ऐसी वेला फिर कब पायेगा,

उठ फिर चल तारे ही गिन,
देख अनंत विस्तृत अम्बर को,
तारों ने घेर लिया है जिसको,
निशा ने चूम लिया है जिसको ।

46. रक्षक

इस अन्नपूर्णा, सर्वपुर्णा सृष्टि को रुककर,
आओ नमन करें हम कुछ झुककर,
हे मानव, खड़ा यूं शंकित सा यूं,
सोच रहा भला है क्या तू,
संरक्षित वन ही हैं तेरा जीवन,
स्वच्छ करें जो पतित जल पवन,
मुक्त गगन में उड़ते सर सर,
दीख रहे जो पक्षिगण ऊपर,
और इधर धरा पर नीचे,
मुग्ध कर यूं तुझे जो खींचे,
इन जीवों की मोहकता,
यदि को खो जाए तो क्या होगा?
क्या सौंदर्य बचेगा इस धरती का,
बचेगी मात्र सर्व व्याप्त नीरवता,
शक्तिमान मानव हम सक्षम जन,
आओ बने सृष्टि रक्षक भी स्वयं ।

राष्ट्रवाद

47. शक्तिपुंज

धधक धधक रहा है यूं, हृदय में इक ज्वाल है,
रक्त मांगता है जो, ये शक्तिपूंज विशाल है,
मैं टूट के बना हूं फिर, और उठ रहा ज्वलंत हूं,
मैं मुझ में हूं, तुझ में हूं, मैं आज सर्वपर्यंत हूं,
जागा अंग अंग मेरा, है जागी हर वेदना,
ये भाव सब तरफ जगा, है जागी सर्व चेतना,
हम जन सब जुड़े हुए, हम एक रंग से रंगे,
है बवंडरों सा जोर यूं, मिल के हम जो संग बढ़े,
ये राग देश प्रेम है, भाव देश के लिए सदा,
हरेक श्वास देश की, हरेक सैनिक देश का,
क्या है सुनी कथा कभी, सरहदों के वीर की,
नमन किया तो होगा ही, स्मृति को शूरवीर की,
तुम भी उसी के हो, उसी मिट्टी से बने,
तुम में भी शक्तिपुंज है, पहचान तुम जो कर सके ।

48. सैनिक हम

राष्ट्र रक्षा में तत्पर हम,
ना व्याकुल, ना किंचित भी डरते कदम,
बने फौलाद की दीवार खड़े सरहद पर,
कह दो के दुश्मन ना देखे इधर,
ना हटे गोली से, ना विस्फोट से,
ना हार माने युद्ध घनघोर से,
ना देखा कभी तम, ना जाना कभी भय,
लुटा प्राण मातृभूमि पे सो गए,
इस मिट्टी के थे, इसी के हो गए,
इस व्याप्त भूमि को जो देखो कभी जब,
रहे याद इसके हैं प्रहरी सजग,
हमे याद कर जो बहाओ आश्रुधार,
ना हो शोक उसमे, बस हो गर्व अपार ।

49. वहम

जिस्म टूटता हुआ, बिखर रहा है तार तार,
है बाजुओं में दम नहीं, वो रो रहा है ज़ार ज़ार,
एक उम्र भर समेट के, बैठा रहा उम्मीद में,
निजात कभी तो मिलेगी, मजलूमों की चीख से,

पर आज है वो यूं गिरा, टुकड़े थामे लाज के,
इक अंधेरा है दिख रहा, जो घिर रहा दराज़ में,
वो कह नही सका कभी, क्या डर था उसको खा रहा,
अपने अत्फाल को लिए, है दूर अब वो जा रहा,

है मुल्क अब अंजान सा, हैं लोग भी अंजान से,
अमन है इक ख्वाब सा, सब संगी हुए हैवान से,
कलेशनिकोव की नोक पे, अब टिक गई है जिंदगी,
वस्ल की हर चाह को, है अब नोचती दरिंदगी ।

क्या नज्में पश्तो में कभी, सुनेगी कानों में फिर कहीं,
क्या महक पुलाओ और अशक की, घुलेगी फिजाओं मे कभी,
क्या सुकून मिलेगा कभी, या यूं ही लूटेगी आबरू,
क्या रुकेगा सिलसिला ये, या होगी दफ्न हर आरज़ू,

इक वहम है या आस है, या कोई दबा अरमान है,
कुछ ख्वाहिशों पे जी रहा है, वो भी तो इक इंसान है,
जो मुल्क उसका नाज़ था, क्यूं आज यूं वीरान है,
है वजूद से अपने जुदा, वो सहमा हुआ अफ़गान है ।

50. शक्तिमान

अजर अमर सशक्त मैं, महाबली असाध्य मैं,
तटों की सीमा तोड़ते, समुंद्र सा अबाध्य मैं,
अनगिनत तंत्रों से बना, अनेकों यंत्रों से सजा,
अदम्य साहस संग ला, विकराल रूप रंग का,

मैं बलिष्ठ बलवान हूं, मां भारती की शान हूं,
दुर्गा के मैं सिंह सा, मां शक्ति का वरदान हूं,
जीत की कथा हूं मैं, गाथा शत्रु विध्वंस की,
असत के पराजय की, हार कृष्ण से कंस की,

सत्य का स्वरूप हूं, अनुशासन की मैं सीख हूं,
देश का कवच भी हूं मैं, शौर्य का प्रतीक हूं,
अंगद के पांव सा अडिग, गांडीव के मैं तीर सा,
शिव का तांडव रूप मैं, त्रिशूल की मैं चीर सा,

सजग सीमाओं पे खड़ा, सचेत हूं मैं सर्वदा,
निष्ठा लहू में है मेरे, है राष्ट्र हृदय में बसा,
मैं सदैव था, सदैव हूं, और रहूंगा मैं सदा,
योद्धा शक्तिमान मैं, मैं सैनिक हूं इस देश का ।

9 789356 111929

Printed by Libri Plureos GmbH in Hamburg,
Germany